고요는 감추어도 금방 들킨다
윤현순

반달뜨는꽃섬

고요는 감추어도 금방 들킨다

| 시인의 말 |

소란한 고요다.
나는 고요하고, 시는 늘 소란스럽다.
이 소란함을 다 내어놓고 나면 고요만 남을까.

들켜버린 고요 속으로 다시 행복한 소란이 들어오기
를 기다린다.
고요는 감추어도 금방 들킨다.
그래서 외롭지 않다.

2025년 시월 끝자락에서
윤현순

|목차|

시인의 말

1부

꽃은 힘이 세다　　13
봄이 오는 모습　　15
남장사 목련　　16
사과를 쪼개다　　18
고요는 감추어도 금방 들킨다　　20
사월　　22
장마　　24
조붓한 풍경　　25
향일암 동백은　　27
모과　　29
시 도둑　　30
슬픔을 말리는 풍경　　31
7월을 정리하다　　33
편지　　35
은행나무　　36

2부

오래 데워진 기억　39
붉은 매화나무 아래　41
신데렐라의 발을 찾습니다　42
등꽃　43
고요 속으로　45
비 오면　46
울기 좋은 곳　47
상강 무렵　49
겨울새　51
조장(鳥葬)　52
길고양이　54
취토하다　55
겨울 아침　57
샤머니즘　59
그림자　61

3부

뭉크를 생각하다 65
워낭소리 67
사람은 꽃이다 68
안간힘으로 70
자화상 71
민달팽이 73
차라리 75
전해지는 이야기 77
소란한 고요 79
신발 81
백일홍 83
사람 단풍 84
설날 모정 85
접목 87
폭염 89

4부

아름다운 내력   93

봄동   95

묘(猫)   96

산을 부축하다   98

화북   100

변산   101

어떤 풍경은   102

고라니와 나누다   103

장미의 집   105

옷이 날개   107

한낮 봄날   109

미끄덩 처서   110

돌아가는 중입니다   112

발문 | 슬픔의 잔광, 다정의 윤리   114

제1부

꽃은 힘이 세다

골진 봉천사 등성에 보랏빛 물결로 피어 있는 개미취
저 만발한 색에 이끌려

울음은 다 지우고
웃음의 기억만 남기는
찰칵, 생에 가장 환한 날을 인화하네

태초에 신은
심장의 반을 쪼개어 꽃으로 빚었는지
사람이 사람을 가장 사랑할 때
가슴에 숨처럼 안겨주고 싶은 꽃

그대라는 시가 나의 힘이듯
나무는 꽃의 힘으로
천 리 먼 곳에 있는 마음도 단박에 끌어오고
아스라이 잊었던 추억마저 가볍게 소환하는
꽃은 힘이 세지

오늘 이 꽃밭에 서니 더욱 알겠네
지상의 발들은
늘 꽃이 피는 방향으로 걷고 있다는 것을

봄이 오는 모습

거실 창가에 앉아 무릎을 세워 톱을 깎고 있는
아이의 등을 바라보네

누구에게든 쉽사리 날 세우지 않겠다는 둥근 다짐 같은 등
웅크려 품은 안이 환하고 따뜻하네

제 몸에 난 톱으로 가장 먼저 제 얼굴에 상처를 냈던
쓰렸던 갓난 울음 기억이라도 하듯
이제 여문 스스로를 조심스레 다듬고 있네

오래 쓰다듬어 꽃피우듯
톱이 둥근 봄볕이 순하게 아이를 그러안네

봄은 또 다른 모습으로 오고 있었네

남장사 목련

이 고즈넉한 천년 속으로
웃는 당신 오실까 돌아보며
뒤돌아보며 거닐다

기다림은
영영 오지 않아도
영영 피어날 꽃인 듯

수천수만 목련도 아득한 한 길
허공을 향해 마음을 두었다

꽃으로 사무치는 생이라면
다시 또 천년
환하고 거뜬히 견디리라

서둘러 가는 것은
서둘러 다시 오겠다는 약속

받는 이 없는 편지처럼 돌아와
끝내 풍경을 두들겨 우는
흰 바람의 사원

사과를 쪼개다

더미에서 하필 당신을 집은 건
내 안에 고여 있는 당신이 불쑥 손을 내민 탓

단단해 보이는 결속을 잘라보고서야
당신 안엔 당신이 얼마 남지 않았다는 것을 알았지

푸석한 향기와
발아를 잊은 씨앗이 웅크려 숨죽인 자리

이 깊숙한 폐부에 어둠을 버렸던 것들은
모두 환한 바깥이 되었을까

오래전 봄이었던 당신 속으로
잔가시발 들락거리며 숨 둥글어질 때
전신의 꽃자리 허물던 기억

앙가슴 쪼개어
썩은 퇴적을 깨끗이 도려내도

물큰한 슬픔의 맛은 사라지지 않지

고요는 감추어도 금방 들킨다

 봄이 채 오기도 전
 남자는 다시 병원으로 옮겨졌고 여자는 또 보호자로 딸려갔다

 철커덕 말문이 닫힌 집
 텃밭에 삼동초만 무사히 겨울을 건넜다

 겁먹은 소 같은
 집은 웅크려 귀를 세우고 우물우물 식은 말소리를 되새김질한다

 바람은 무시로 들어 해찰을 하고
 소리 없는 집에 소리 없는 것들만 시끄럽게 드나든다
 고요는 감추어도 금방 들킨다

 며칠 새 삼동초 꽃대를 잡아당기는 봄볕의 손아귀 힘이 늘었다
 여자는 돌아와

나물은 다 죽고 쓸데없는 꽃밭이나 되었다고 혼잣말 놓겠다

 아무리 짖어도 적막은 사라지지 않는다고 어린 개는 또
 지나는 기척을 붙잡고 꼬리를 흔든다

 소리로 뼈대를 세워 번성했던 집
 그러나
 그 많던 소리가 낳아 기른 건 무성한 고요였다

사월
　-나르키소스

　꽃을 잉태한 나무의 죄라면 지금은 유구한 형벌의 시간

　연못가 겹벚꽃, 물가에 제 모습 적셔 보다 흐드러진 아름다움 더는 견딜 수 없다는 듯 녹아 사라질 눈처럼 휘날려 절명에 든다

　무릇 사랑이란, 무작정 빠져드는 눈먼 근성이라지만 이별의 무게는 한없이 가볍고 소멸의 시간은 너무 환하다

　물의 둥지에는 하늘도 산도 면경 같은 한세상 탁란해 놓고 뻐꾸기 날아간다

　궁싯거리며 늙은 나무는 죽은 얼굴을 감추려 무량 무량 잎을 또 꺼내 든다

　겹겹의 파문을 열고 무릉 같은 풍경이 사라진다

한 나무의 쓸쓸한 연대가 물속으로 봉인되고 있다

이 한낮의 눈부신 비극을 봄이라고 했다

장마

몇 번의 선잠 사이로
낮에 만난 능소화가
몸을 던져 수장하는 꿈을 꾼다
마음 기울여 보지 않으면 세상의 꽃들은 모두
불현듯 피어나
불현듯 지고 있는 듯하다
칠월을 다 적신 비 지나면
사람 사는 골목에
붉고 노란 해를 묻혀
어떤 꽃 더 뜨거워지려는가
누구나 한때 격렬했던
심장의 빛깔로
어느 가슴에 열락의 시 되어 피어나겠는가
빗소리 범람하는 우기를 허우적 둥둥
떠다니다 가라앉는 화몽(花夢)
새벽 기슭에 닿아
여문 씨앗에서 다시 발아하는
꽃 꽃 꽃 꽃들이여

조붓한 풍경

발목이 잘린 꽃들이
서로의 향기를 부둥켜안고
기쁨과 슬픔을 조율하고 있는 꽃집의 풍경

하나보다는 둘
둘보다는 다발
함께 있으면 어디에 뿌리를 두어도
조금은 덜 외로운 목숨들

이미 오래전
한쪽 발목을 잘린 나의 뿌리는
목련공원에 고이 묻어두었으나

나의 엄마
나의 형제
나의 가족
나의 누구누구누구… 조붓이 어우러져

때로는 절뚝이면서도
지금 내가 꽃처럼 사는 이유

향일암 동백은

바다가 앞 풍경이면
동백은 뒤 배경으로 피었다 지는

앞과 뒤가 다 좋은
내 아는 사람 같은
이곳에서

아무렇게나 비렁에 앉은 동백으로
눈도
귀도
입도
하나로 붉어져 아름답다가
스밀 대로 스며 살다가

문득
바람이 화두가 될 때
좁은 바위틈 해탈문 지나
다시 나로 건너오는

소멸되지 않는
기억 몇
생의 결구도 동백처럼 환하고 생생했으면

모과

가을빛 사유로 둥글어진 향기가
알맞게 익어 겨울로 굴러왔다
꽃을 피워 열매를 맺는 동안
어느 것 하나도
너를 위하지 않은 것은 없었으니
바람은 또 얼마나 쓰다듬었으며
풀벌레들 별처럼 깨어 부르던 노래

세상의 다정이 그러하듯
못난 것들을 위한 기도는 더 크고 간절했으므로
그 힘으로 너는 더욱더 향기로웠다
온몸의 상처도 기꺼이 기쁨인 듯
겹겹의 향기를 풀어내는 동안
귓가에 드는 낯익은 음성
아직도 기도는 늦지 않았다

시 도둑

"벚꽃 져서
밤에 잠을 못 잔다네."

늙은 여자 셋이
자전거를 끌고 북천 벚나무 아래 지나며
귓전에 흘리는 말씀

꽃 다 지도록
돌려주지 못한

다른 이가 짓고
내 이름으로 받아 적은
시

슬픔을 말리는 풍경

흘리고 간 노을 몇 점 꽃으로 스며 슬픔을 말리는 풍경이 환합니다

오래 젖었다 다 가벼워졌는지 이제 없는 사람은

대문 앞 빈 의자를 남겨놓고,

손목에 놓인 푸른 정맥 같은 이곳에서

습관처럼 오래 앓던 고독을 꺼내어 꽂인 듯 걸어두겠습니다

엇갈려 한세월 늦도록 헤매다 온 어깨를 안고

하염없는 날들이었다고 끝내 글썽이겠습니다

골목 같은 이름을 부르면 세상 끝에 있다가도 달려올 대답

저기 그립고 사무친 길모퉁이를 돌아

흰 달빛을 받으며 오는 다정한 저녁이 있습니다

7월을 정리하다

눅눅한 계절 사이를 뒤적여보면
몸은 사라지고
몸피만 남아
희미해져 가는 것들이 있어

버리기엔 안타깝고
두기엔 쓸모없는
계륵의 무늬들을 만지작거리다
얼룩과 곰팡이가 자라난 시간을 마주하지

먼 바깥을 걸어왔던
우리들의 낡고 구겨진 외출도
평면의 숫자로 박제된 달력처럼
살아있으나 죽은

긴 건기를 건너 우기를 지나는
오늘을 꺼내놓고
젖어서 더더욱 제 빛을 내는

꽃이나 더듬어 볼 일

추렴한 절정을 버리고
나무의 결심이 가벼워지듯
버리고,
버려진 것들로 환한 바닥

묵은 나프탈렌 냄새를 벗고
맨몸으로 낙화하는
홑 칠월

편지

봄이면 흔한 목련이나
모란이나 벚꽃쯤으로 서로를 호명하고 나열하지
꽃처럼 어여뻐서
꽃처럼 향기로워서
꽃처럼 보고 싶어서
세상의 꽃이란 평범하지만 놀랍도록 비범한 문장
비의 불변은 그리움이라 쓰고
어제는 많이 아팠다고
오늘은 행복했다고
그리고 어느 날은 조금의 일도 일어나지 않았다고
밋밋한 하루에 밑줄을 긋는 밤
완성은 밀봉된 서로를 열어보고
소소하고 따뜻한 마침표를 찍는 것
구름의 무늬는 어제와 다르고
사과는 조금 더 뺨 위로 붉어지는 동안
같은 날을 다르게 살아도
너라는 문장을 꽃으로 읽는
우리만의 다정한 방식

은행나무

우리가 각자 한 채의 집이라고 한다면

가을 은행나무처럼
순결한 빛깔로 완성된 집이었으면 좋겠습니다

어떤 결심으로 저토록 아름답게 이루었는지
단단한 그 안이 자꾸만 궁금해집니다

시퍼런 날들이 가슴뼈를 지난 흔적과
안으로 삼켜 적신 눈물도 홍건하겠지요

그러나 지금은
오롯한 따뜻함만이 내가 보는 풍경입니다

나 가끔 당신을 배경으로 서서 웃어도 괜찮을까요

언젠가는 당신이라는 집을 주저주저 잊을지 모르나

제2부

오래 데워진 기억

윗목도 아랫목도 없는
이불 밑 옹기종기 찾아드는 다정도 없는
전기장판에 눈이 묻은 저녁을 데운다

뜨거운 아랫목에 묵은 통증을 눕히고
오래 등을 보이던
바람 춥던 병상의 얼굴이 있었다

흰 눈 걷어 낸 봄이면
까맣게 흉터로 남던 긴 겨울의 흔적

불모 같던 자리에도
식지 말라고 밥을 묻고
그 밥을 구하던 통증을 묻고
어린 손발 덮어주며 철들이던
절절 끓는 마음이 살던 집이 있었다

뭉근한 구들목에 오래 데워진

어떤 기억들은
아직도 식지 않고 따뜻하다

붉은 매화나무 아래

너의 봄날 아래 서면

슬픔이 한 그릇 밥처럼 놓일 때가 있네

고봉의 슬픔을 끼니처럼 삼키다가 울컥 목이 메는 순간이 있네

봄 그림자는 아직 춥고 어둡다고

움츠려 고샅길 걷는 늙은 매화나무 아래 기도를 두네

고난에 든 향기 더 짙다고

그윽하게 견디는 너의 어깨 안으면

슬픔의 폐허를 건너 검은 적막의 바깥이 환하다고 속삭이네

신데렐라의 발을 찾습니다

알록한 샌들 한 짝이 도롯가에 나뒹굴고 있다
신을 두고
발은 어디로 사라졌을까
팔월의 아스팔트길을
맨발로 가기엔 너무 작고 여리다고
우묵한 하루를 견뎌온 바람이 절뚝이며 걸어간다
저 묘연한 행방을 두고
열두 시 무도회장을 황급히 빠져나간
신데렐라의 흔적이라며 가벼워지고 싶지만
속력의 근성으로 난 도로는
몸 어디에 깊숙한 미궁을 숨겨놓고
서툰 생의 속도를 시험에 들게 하는 것이다
사람이 사람에게 채 닿기 전
오늘도 어딘가에 비극의 서사가 쓰여지고 있는 길
작별의 말도 없이 떠나버린
삼촌의 발은 아직도 찾지 못했는데
거리에는 또 누군가 잃어버린 발을 찾는다고
현수막이 펄럭이고 있다

등꽃

생의 반쯤은 나와 같은 기억을 가진 너
살겠다며 그토록 간절히 붙잡던 봄을 놓치고
다시 꽃은 지천이네

꽃을 배경으로 둔 이별은 어딘지 거짓 같아서
꽃 다 지고 난 후에야 두고두고 더 아팠네

먼 길 가는 사람 배웅할 때
눈부신 햇살 속으로 그렁그렁 멀어지던 모습은
살아서는 도저히 잊을 수 없을 것만 같아서
죄 없이 미워지던 꽃

몇 번의 계절이 피고 지는 동안
우리는 조금씩 등을 돌리고 멀리로 걸었는지
기억은 불쑥 꽃으로 찾아왔네

한 번도 울지 않은 얼굴로
눈부시게 피어

이 봄 너라는 그리움으로 환하네

고요 속으로

사람은 사람으로 살라고
늘 말씀하시는 휴대폰 속 현자도 오늘은
다른 이 교화하시라 귀를 꺼두고
고요에 든 겨울을 걸어 숲으로 간다
배움도 때로는 고요만 못하다

나무는 나무로 살아서 아름다운 숲
바스락거리며 부서지는 제 몸피 소리 다 듣다가
몸을 이룬 생의 긴 고요마저 비워지면
다시 산으로 눕는 나무들
산이 되라는 가르침 잊지 않는다

나무들 사이로 걸어간 발자국이 있다
내가 고요하지 않고서는 볼 수 없는 것들이 있다
이 경건한 순환에 들면
바람 많던 마음의 안에도 고요의 나이테가 짙어진다
따뜻하다

비 오면

산이 문을 닫고 들어앉는다

공중의 생을 날던 새들도

날개를 접고 안착하는 시간

닫힐 새 없던 내 안의 문도

잠시 닫아걸고 침묵하고 싶은 날

울기 좋은 곳

하느님과 그리 가까운 자리도 아니었다

맨 뒷자리쯤이었다

남자의 몸 하나가 울음으로 가득 찬 듯 서럽게 흐느끼고 있었다

곁을 지나는데 울컥 마음이 젖었다

신 앞에 저토록 간절한 것 무엇인가

때로는 엎드려 눈물로 구하지 않고서는 견딜 수 없는 기도가 있다

나의 울음에도 누군가 닦아준 흔적이 있는 것처럼

울어서 가벼워질 생이라면

명동성당은 참 울기 좋은 곳이었다

상강 무렵

어떤 마음은
둘 데가 없어서
하늘만 덩그러니 푸른 병성천을 오래 걷는다

하얗게 피어나는 억새밭에서
서걱이던 바람이 걸어 나왔다
서늘한 물내가 났다

앙상하게 떠도는 한 마리 바람 같은 백구가
정처를 물고 사라진다
끝인 듯 돌아서면 다시 처음이 되는 길이 오늘은 아득하다

먼 지평을 건너가는 새들을 향해
잘 가라고
다시 돌아오라고
발이 매인 것들의 이별은 아프도록 흔들린다

뒹굴며 한 계절로 깊던 것들이
떠나는 것들로 교차하는 천변은
낡고 바래고 야위는 풍경으로 식어간다

나는 인제 그만
따뜻한 사람에 기대어 살고 싶다

겨울새

이 거푸집 같은 몇 평의 공중에
맨발을 디디고 선 오늘은
네모난 창을 경계로
바깥은 바람눈이 가득하고
사람은 안으로 안으로 깊어져
마침내 섬이 된다
검은 고립의 눈동자 속으로
희미한 그림자를 버리며
떠나는 새들은
어느 먼 곳에 닿아 지친 허공을 접을까
젖은 날개에 울음을 닦고
제 가슴의 온기로
식은 발을 데우는 새들처럼
흰 적막을 가만히 끌어안고
혼자이다 보면
멀리 있는 사람도 한결 다붓해져
시렸던 가슴 한곳부터 따스해져 오는

조장(鳥葬)

차가 지나는 도로 위 천장 터
돔덴의 의식도 없이
핏빛 낭자한 살점을 유유히 쪼아먹는 까마귀들
비상의 허기짐이 섬뜩하다

해체된 생은 다시 어딘가에 깃들어 부활하고
저 공중이나 바닥
살았던 흔적은 뼛조각 하나 남기지 않고
산목숨의 배를 채운다

내세의 길이 하늘에 있다고 믿는다면
어떤 죽음도
너무 오래 둘 슬픔은 아니겠으나

어느 순한 것들의 숨을 삼키고 돌고 돌아
다시 숨으로 났는지

평생 밥으로 몸을 이룬 내가

죽어 밥이 되고 있는 누군가의 저편을 보자니
결국, 사라지는 것도 지극히 평범한 일상이었다

길고양이

죽은 길고양이를
아이는 여름풀 무성한 외진 길가에 묻어주었다

길 어디에나 흔한 고양이지만
아이를 길들여 놓은 고양이는 단 하나뿐이어서
딸랑이던 마음의 방울은 소리를 잃고 말았다

어디에도 호락호락 길들여지지 않는
길과 고양이
둘의 근성은 다른 듯 같은 맥락이다

자유롭다는 건
밥도 잠도 죽음마저도 바깥에다 두고
정처 없는 족적이 된다는 것

외로움의 근원에서 난 인간은
길들이기에 가장 알맞은 종족이란 걸
길과 고양이는 알고 있었다

취토하다

파란의 흔적을 모두 태워 한 줌 재로 남기고
이름 석 자 걸러 묘비에 남겼다

길방의 흙 한 삽을 떠서 무덤 속으로 뿌리며
취토요
취토요
취토요

사는 일 이리저리 기울어 고단했을까
죽음을 반듯하게 괴며
젖은 곡소리도 함께 묻는다

낮달처럼 희미해져
세상에 있어도 없는 것만 같던 당신의 부재
이제 더는
없어도 있는 선명한 자리

구덩이를 메우고 흙을 다독이는 동안

그제야 오랜 상흔을 지우고
희고 야윈 발을 뒤척여 모로 돌아눕는지

마지막 술잔을 올리고
절을 하는 동안
겨울 사이 봄볕이 당신을 조문하고 있다

흙문을 닫고
드디어 편안해지셨는지

겨울 아침

흐트러진 잠을 일으켜 창가에 서면
희미한 새벽을 가르며 나는 새들

텅 빈 들녘 남겨진 그루터기는
난생을 묻고 떠난 한 남자의 야윈 발목 같은

떠나는 것들은
돌아올 길에 울음을 부려놓고
그 울음의 기억을 더듬어 돌아와 다시 산다

저물도록 오지 않는 것은
어딘가에서 울음을 잃어버린 까닭

한 점 기억도 없이 살아버린
어느 먼 전생에 눈을 뜬 듯

사방 적요에 갇힌 너머로
눈을 맞으며

저기 누군가 아침을 향해 걸어오고 있다

샤머니즘

천봉산 묘봉에 올라 숨을 고르는데
산 아래 꽹과리 소리 나보다 더 숨이 차다
불현듯 어린 기억의 고막을 찢는 음습한 소리

마당에 불빛 넘실거리고
웅성이는 사람들 사이
대나무를 쥐고 흔들며 몹시도 흐느끼던
무섭도록 낯선 한 여자의 모습

그 밤
누군가 여자에게 다녀갔다고 했다
그토록 만나고 싶었던 건
저 소란을 빙자한 어떤 존재였을까

삶에 고인 깊은 울음을 퍼내는 일
혼자서는 감당할 수 없다고
오늘 또 누가 의식에 들어 죽은 어제를 부르는지

있다고 굳게 믿는 것들은
없어도, 어딘가에 기어이 있는 것들이다

그림자

거친 숨을 몰아쉬며 언덕을 걷고 있을 때 함께 휘청이며 눈물 닦아주던 발밑의 그림자 하나

내가 나를 다 흘린 자국만 같아서 일으켜 따뜻이 안아주고 싶다가

문득,

본래는 저기에 있고 끝끝내 배후로 살아가고 있는 내가 저 그림자의 꼭두각시인 것만 같은

제3부

뭉크를 생각하다

핏빛 노을을 배경으로
귀를 막고 절규하는 뭉크를 본다

시대는 퇴보해
지금 우리는 뭉크다

피오르드에 걸린 칼날이 광기로 번뜩인 날
가슴이 베이고
노을빛 슬픔이 차가운 강물로 쏟아져 흐르는
과거로의 회귀

그러나
비명이 낭자한 다리 저 편에는
불안과 절망을 지우고
내일의 태양을 다시 그려내고 있는
수많은 뭉크가 있다

닫은 귀를 활짝 열고

사람과 사람 사이에
아름다운 희망을 채색하는

워낭소리

 소 한 마리가 우시장을 탈출했다 흥분한 소는 그 큰 덩치로 순식간에 울타리를 뛰어넘어 들판으로 달아났다 아무리 온순한 짐승도 주인의 먹은 마음을 알아차렸을 때 거친 본능을 깨어 필사의 자유를 향해 내달렸을 것이다 쫓고 쫓기는 긴박함 사이로 마취총을 맞고서야 힘없이 늘어져 누운 소는 저항을 죽이고 영혼마저 낱낱이 길들여져야 하는 납작한 자본의 자세로 재복원 중이다

 시절 지난 영화에는
 소처럼 일만 하다 늙은 농부와
 죽어 흙무덤으로 돌아간 사람 같은 소 이야기가 전설처럼 남겨져 있고

 비육한 슬픔과 불안들이 끌려와 아물지 않는 화요일의 귀표를 달고 성시를 이루는 장날 아침 아직 울음이 앳된 송아지와 어미소가 캄캄한 목숨을 되새김질하고 있는

사람은 꽃이다
　-해고 노동자 김진숙을 기억하며

　높은 곳은 권력의 자리라고 했다지
　그러나

　억울하고 서러워 이 악물고 올라야 하는 아슬한 자리가 있지
　벼랑 끝, 오랜 시간 그녀가 매달려 있던 곳

　하늘과 가까운 곳은
　사람과는 먼 곳
　그래서 빈한한 자리
　새들도 구름도 정처를 두지 않는 허방 같은

　낮은 곳에는 밟히기 쉬운 것들이 있지
　쉽게 외면당하는 것들이 있지
　지금도 김진숙은 어디에나 있지

　85호 타워크레인
　309일간 고공에서 버티던 그녀

캄캄한 절망의 부리에 가슴 한 쪽을 파 먹히고도
뚜벅뚜벅 다시 걸어 희망의 연대로 앞장서는

"사람은 꽃이다 우리는 꽃이다 노동자는 꽃이다*

이 세상 모든 꽃들은 낮은 곳을 딛고 피어나지
낮은 곳에 뿌리를 묻고 살아가지
낮은 곳이 가장 아름다운 성전이지

*기사에서 발췌

안간힘으로
-어느 죽음을 애도하며

한파가 온다는 날
발코니 구석 아무렇게나 잊었던 호접란이
보란 듯 꽃을 피웠다
안간힘의 내력이란 저런 것
모두가 등 돌려 외면할 때
향기로 다시 일어서는 것
안간힘 다해 피어난 꽃처럼
꿈에서도 버리지 말아라
살면서 놓고 싶었던 적 없는 사람
몇이나 되겠는가
힘에 부쳐 쓰러지면
안간힘이 일으켜 세우듯
살다 보면
사는 일 눈물 나도록 아름다워지기도 하는 것
안간힘이란,
죽을 만큼 힘들 때
죽을힘으로 다시 살아내라고 주신
저 한 송이 기적 같은 힘

자화상

누추한 뒤 풍경을 감추며
대로의 차들이 쉼 없이 내달릴 때
남문시장 한적한 골목의 상점에는
한자리에서 다 늙은 듯한 노인이
삐걱이며 돌아가는 선풍기 아래
옛이야기로 남아있다

도시의 하루는
쫓기듯 시간을 밟고 고층으로 올라
숨 막히도록 하늘을 가려놓고
남은 가난을 죄다 모아 떨이로 내어놓은
난전의 허룩한 물건들은
아무리 허물어뜨려도
어딘가에는 반드시 남을 우리들의 자화상이다

저기 빌딩과 빌딩 갈라진 틈 사이
시멘트 속 차갑게 묻어버린 추억 되살아나
가만가만 사람의 이야기 들려주면

작고 예쁘게 피어나는 풀꽃들
아, 세상은 언제쯤 다시 낮아져서

우리 가난해도 진정 행복할 수 있을까
그럴 수 있을까

민달팽이

현대아파트 뒤편 담벼락에
아무렇게나 헝클어져 기대어 앉은 여인

몸 뉘여 하늘 한 뼘 가릴
지붕 하나 없는
오늘은 한로

빠르게 자전하는
지구의 반대 방향으로
느리게 느리게 느리게

지금 사는 것인지
지금 죽는 것인지
궁금하도록 느리게

어디에나 집이고
어디에도 집이 없는

어둡고 습한 남루가
이승의 바깥처럼

이승의 안처럼
아슬한 경계를 지나는 사이

시간이라는 굴레가 퇴화한

차라리

스치듯 인사만 하고 지낸 사이인 내게
손 흔들며 눈웃음을 한껏 줄 적에
이 지나친 다정을 받기에는
무언가 이상하다고 속으로만 생각했다

두부를 사러 간 내게
화기로 퉁퉁 부풀어 오른
찌개 속 두부 같은 표정의 그녀가
그리 가깝지도 않은 나를 향해 자꾸만 차라리
'차라리'라는 말을 반복했다

그러니까 '차라리'
나는 차라리 듣지 않았으면 좋았을 말이라고 생각하다 문득
'차라리'라는 말에는
어린 손녀를 한 번도 알아보지 못하시던 외할머니가
각주처럼 붙어있음을 떠올렸다

누군가는 수없이 곱씹고 다짐해 봤을 궁극의 말
'차라리'

오늘 아침 가게 안 분위기는 제법 정겹다
말갛게 세수를 시켜 앉혀 놓고
두 손 비벼 로션을 발라주고
옷을 입혀 밖으로 보낼 채비에 분주한 그녀

손을 흔들던 그때보다
더 작은 아이 되어 수발을 받는 남편을 향해
또 언제 '차라리'라며 벌컥 화를 낼지 모르지만
홀로 힘겨울 그녀가 차라리 눈물겹다

전해지는 이야기

 산전수전 공중전까지 살아냈다는 그녀는 죽어 무덤가 한 그루 측백나무로 다시 사는지 오늘도 갈피 속 앙상한 잔뼈 사이로 휘청휘청 된바람 들인다

 한세월 한량이던 남자는 저 작은 몸뚱이 뜯어먹고 사는, 먹어도 먹어도 허기지는 모진 바람이나 되었는지 한 봉분에 들어 다시 흙으로 섞였으니 살아서도 죽어서도 합이다

 참 속도 없는 여자라고 곁말을 놓는 사람들 혀를 찼다지만

 모를 일이다

 누가 누구의 목줄을 잡고 생의 너머까지 부리고 있는지

 다 뜯어먹히고도 끝끝내 바람을 품어 안는 저 질긴

집착도 결국, 사랑이라고 해야 하는지

소란한 고요

그는
소리의 내력이 없는 사람
말을 담아본 적 없는 순한 입을 가진 사람
우두컨한 등 뒤에는 짙은 고립의 그림자

돌아서면 맞닿을 거리
그러나 우리는 얼마나 멀리에 있는 사람들인가

눈과 귀를 열고
말문을 열고
온몸의 문이란 문 활짝 열어 완성이라고 했지만
아직도 굳게 닫혀 있는 문
열린 적 없어서
푸른 이끼 무성해졌을 소리의 근원

무수한 형상의 말이
더듬더듬 나를 열고 들어오는 이 소란한 고요
한 번도 열어본 적 없는

미완의 문을 두드리는 언어들

신발

허기의 군락처럼 모여 선 아파트를 향해
온 몸 발이 되어 돌아오는 저녁
죽은 발톱 같은 어둠 속으로
하나 둘 별이 든다
칸칸 이곳은 발들의 종착지
아무렇게나 안을 향해 벗어놓은 신발을
가지런히 모아 밖을 향해 돌려 둔다
모든 길은 안이 아니라
밖을 향해 놓여있다는 깨달음으로
생은 맨 먼저 바닥부터 닳아간다
신는 순간부터 어디로든 가야 하고
자라는 책임만큼 문수가 늘고
맨발의 보드라운 기억은 꿈에서나 만날 일이라고
걸었던 기억만큼 늙어가는 신, 발
바닥은 약점이거나 통점
생의 이전에 가깝거나
생의 이후에 가깝다는 뜻
잠 두꺼운 이불 속으로 개먹은 발을 감추며

모로 돌아눕는 동안에도
신발은 밤새 궁리의 끈을 풀지 않는다

백일홍

그녀의 빈번한 감정을
저기 길목 여러 색으로 막 피어나는
꽃이라 불러줄게요
빛깔 화려해도
들추어 보면 슬픔의 향기가 나는지도 몰라요
상처가 꽃이 되는 줄 누가 알려 하겠어요
지금은
가슴에 꽃이 돋는 점화의 계절
알록달록 어느 색이 진짜 기분인지
숨죽여 보아야 해요
저 뾰족뾰족한 꽃들의 감정을
함부로 다 안다고 말하지 않을게요
굳센 듯 피어나도
어느 저녁 소슬바람 스치면
아무런 고집도 없이
사그라들고 말
여린 꽃이라는 걸 알아요

사람 단풍

남장사 천년 보궁 속을 막 걸어 나오는데
주름진 삶을 배경으로
웃음이 고운 여자 셋
벤치에 나란히 앉아 풍경이 된다

사진 좀 찍어주세요
우리 환갑여행 왔어요

얼굴은 달라도 웃음은 똑 닮아서
가을보다 더 진한 향기로 물드는 자리
저마다의 굴곡을 건너 와
서로의 어깨를 감싸고 앉은
저 환한 미소가 왠지 시큰하다

한 갑자를 돌아 함께 떠나온 여행
꽃은 다 졌어도
사람 단풍은 저토록 아름답다

설날 모정

객지의 온도는 겨우 겻불이나 될까
아무리 옷깃을 여며도
도시의 칼바람에 아프게 베이는 체온들

누대로 그리움의 집성인 달은
세상 한 귀퉁이 거칠게 호명되는 이름
하나 둘 어미의 음성으로 불러
고향의 슬하로 드는데

아, 너는 어디만큼 왔느냐
내 정신이 온전할 때 한 번은 만나야지

가늠할 수 없는 거리를 재며
차가운 바깥에 밤새 귀를 서성거려도
끝내 기척 없는 발자국

그믐의 노모가
흐느껴 아들을 기다리는 동안

어느 새 달은 저물고

접목

싱싱한 호박순에
여린 오이순의 생장점을 이어 붙이면
튼튼한 오이 모종이 된다

어디에든 잘 살아 붙겠다고
한허리 베어내고 떠나왔을 띠엔은
호박순이었는지 오이순이었는지
이도 저도 다인 것만 같은 앙센 그녀다

시집와 수년째 접살이
아이 둘을 낳고도 아직 봉합되지 않았는지
사는 이야기 시들하다

물설고 낯선 두 마음 하나 되어
꽃피우고 열매 맺는 일 어디 그리 쉬운가
상처 없이 강해질 수 없다는 듯

어린 자식 뿌리 삼아

어떻게든 덩굴 뻗어가겠다고
척박한 이 땅에
오늘도 그녀는 접목 중이다

폭염

바닷가 대게촌 식당 앞에는
접었다 폈다 폴더폰처럼 오래된 그녀의 인사법이 있다

되 오는 인사 하나 없는
그녀의 친절함은 일방적이다

저만큼의 극진함이라면
한 끼 밥으로 손색이 없겠다는 듯
몇 명의 피서객이 그녀를 따라 식당으로 든다

이 비릿하고 눅눅한 어촌가에서
낮출수록 출렁이며 더 높이 일어서는 법
저 바다에게 배웠을까

굽혀야 밥이 되는 허리가
세상 누구에게나 있다고
바다는

그녀 가까이 파도를 밀어 더위를 적신다

제4부

아름다운 내력

 해산한 딸에게 먹일 미역국을 끓인다
 여러 날 미역국을 먹고 나서야
 조금씩 엄마 구실을 하기 시작했던 지난날의 내가 떠오른다
 여자가 가장 위대한 사람이 되었을 때
 때마다 뜨끈하게 상에 오르던 미역국은
 아무리 세상이 변해도
 대체할 그 무엇이 없는 보답인 것만 같은,
 나의 엄마가 그러했듯
 나도 그 오랜 내력을 잊지 않고 따른다
 사지를 비틀어 마른 뼈 같은 몸을 풀고
 한 점 결기도 없이 흐물흐물 부드러워지는
 미역이 되는 것처럼
 딸은 지금
 제 몸이 낳은 울음을 목숨처럼 품어 안고
 잘 돌지 않는 젖을 물려 혼신을 먹이고 있는 중이다
 나의 몸을 먹고 눈을 뜨던 아이가
 이제 엄마가 된 아름다운 내력이

미역국을 끓이며 이토록 뭉클한 것이다

봄동

삶의 중심이라고 믿었던 것들이
하나 둘 언저리로 밀려나고
뜻하지 않은 것들이
속으로 들어차는 나이 이순에는
이제 온 숨구멍도 좀 순해지면 좋겠다고,
단단한 결구는 맺지 못했다 해도
속부터 따뜻해져 있는 한겨울 봄동을 다듬으며
실없이 중얼거려 보네
칼날 같은 바람도 안으로 품어 데우면
이렇게 달고 고소해질 수 있을까
수십 년 얼었다 녹았다 지겹도록 나이테를 새긴
우리의 봄맛은
저 봄동만 할까

묘(猫)

아무렇게나 바깥을 베고 누운
잠은
어떤 말로도 참 서럽다

숨고 놀라고 피하던 쪽잠
미천한 잠의 안쪽은 드디어 편안해졌는지

몸의 고요는
가장 슬프고 섬뜩한 방어적 자세
어떤 위협에도
더는 길을 비켜주지 않겠다는 바위 같은
한 점, 끝내 마침표

사람도 차도 슬금슬금 피해 사라지는 동안
어둠은 봉분처럼 내려
잠의 구렁을 메우고

저녁 문밖

귀를 할퀴는 날카로운 비명들
펴보면 공존의 손금을 지녔을 윗집 여자는
그래도 함께 살자고
모여든 허기에 사료를 부어주며
어루만져 달래는 울음

하늘에는 밝고 착한 달이 돋아난 밤

산을 부축하다

간밤 천봉산
거센 비바람의 거처가 되었던 곳
나무들의 비명을 제물로 삼고서야
태풍은 어딘가로 몸을 숨겼다

꺾이고 뽑혀 뿌리째 누운
폐잔의 풍경 사이로
서둘러 계절을 불러오는 숲의 정령들

바람에 쓰러졌다 일어선 물봉선
피멍 든 무릎으로 기슭을 오르고 있다
휘청거린 산을 부축하며
흘러내린 산허리 끌어당기며
있는 힘 다해

만장 같은 바람을 이겨내고
상처가 상처를 보듬어
더욱더 산으로 서는

이름 다정한 것들의 동행

화북

접어놓고 까맣게 잊어버린 시간의 한 페이지나

다시 펴도 실금처럼 지워지지 않는 오랜 자국 같은

허룩한 기억의 굽이를 돌아 마주하는 자리

솔밭 사이 게으른 꽃대를 세워 색을 점화하는 맥문동

보라를 좋아하면 외로워진다는

어느 늙은 여인의 말 언저리를 서성이다가

보라는,

보라고 속삭이는 속 다정한 말의 색으로 진한 꽃물이 드는

변산

붉은 노을 한 편을 접어 바람의 우체통에 넣었네

갈매기 나는 수평선과 파도 소리 밀봉한 바다 이야기

외로운 어느 한 날

느리게 도착한 바다 한 통을 받아 들고

격포의 아름다운 노을을 꺼내 두고두고 읽어보겠네

어떤 풍경은

언덕 위 억새가
물가의 갈대가
온갖 이름 다정한 것들이
물미의 윤슬을 몰고 건너오는 바람에게
기꺼이 몸을 구부려 길을 내어 줄 때
파랑이 일던 사람의 등도 풍경이 되는
순응의 시간
손잡은 곁의 숨결 따뜻이 스며
한 호흡으로 발맞추는 동안
스러졌던 것들 다시 일어나
초록으로
꽃으로
평화로 번져가는 여기 상풍의 봄
물은 물에게로 닿고
사람은 사람에게로 흘러
어떤 풍경은
나를 다 살고도 마르지 않는
긴 그리움의 강이 되기도 하는

고라니와 나누다

긴 밭고랑 두 골 얻어
고추가지토마토작두콩고구마순 심어놓고
봄부터 행복했다
무릎 꿇고 허리 숙여 태를 잇듯
정성이 닿아야 결실을 준다고 믿은 작물들
바람도 해도 실컷 들여놓고
물도 주고 풀도 뽑고
땅주인 넉넉한 인심도 웃거름 되는 동안
고구마 무성하게 잎을 키웠다
주렁주렁 붉게 익은 가을 수확하면
도시 사는 노모께도 보내고
친구도 나누어 주고
흐뭇한 이름 마음에 기록하는 동안
지루한 장마 지난다
비구름 갠 어느 날
한달음에 달려 간 밭에는
그 많던 고구마잎 다 사라지고
줄기만 앙상하게 남은 고랑이

초라한 모습으로 남아있었다
내 것이 되는 꿈을 꾸었으나
살아보면 온전히 내 것이 되는 것 얼마나 있던가
이제라도 고라니 마음 장부에
내 이름 들어있을까
실없는 궁금증이 들었다

장미의 집

  싸구려 찻잔의 좁은 틈새
  한 잔의 여백을 거처로 삼아 영영 적요의 뿌리를 내린
  낯선 이방의 영토
  계절도 이름도 한 송이 정물로 놓여 있네

  향기 한 점 품지 못한 슬픔은
  금 가기 쉬운 습성을 지녔고 허기진 갈증으로 발아했으니
  애초의 결의는 지루한 형식을 버리고
  다시 피어날 궁리나 하는 것이었네

  무궁한 나무의 자궁을 열고
  달을 채운 꽃들이 갓난눈 뜰 때
  바람에 술렁인 마음의 기류를 따라 방심해진 손 뿌리치고 마침내
  산산이 자유로워졌네

놀란 발등이 가슴을 쓸어내리는 동안
햇살을 둥글게 말아 숨 가쁘게 차고 노는 아이들 소리에
막 눈뜨는 붉은 꽃무리

어떤 봄은
몇 번이나 놓치고 깨진 아찔한 난산의 흔적이네

옷이 날개

무겁고 칙칙한 낯빛을 지우고
골목의 표정이 화사해졌다

봄을 마중 온 여자들의 마음이
쇼윈도 앞에서 나비처럼 팔랑거린다

오늘의 기분을 저 옷에다 맞추면
아름다운 꽃이 될 수 있을까
꼭 맞는 취향을 고르기란 숨은 그림 같아서
한 번의 눈길로는 쉽사리 찾을 수 없다

묵은 계절은 아무리 예뻐도 헐값이고
골목은 벌써
저만치 시절을 당겨 예감하고 있다

봄의 시세가 오르자
덩달아 물이 오르는 골목

옷이 날개란 말은
분명
이곳에서 번져 난 입소문일 것이다

한낱 봄날

사람에게 외로움을 반쯤 나눠주고
헤어져 버스 정류장에 앉았는데
기다리는 버스가
길모퉁이를 둥글게 막 돌아 내게로 오는 동안
바람은 먼 우주를 돌아와
제 몸의 모서리를 깎으며
버려진 비닐봉지에게
숨 부풀려 둥근 날개를 달아준다
달리는 차창에 기대어
꽃잠을 끄덕이는 동안
망울 자잘한 삼월은
사월의 깊은 사유로 피어나는데
한낱 이 봄날에는
내 남은 외로움도
하나 모난 데 없이 둥글어져
푸르고 빛나는 세상 속으로
다정히 굴러 간다

미끄덩 처서

덥석 잡으면 놓치기 쉬운 것들이 있지

누구나 놓치고 한 번쯤 가슴을 쓸어내렸을 순간

우묵한 옹이 하나 생겨나지

아픈 상처 속내에 묻고

전신의 물기 마르도록 울어보아야 웅숭깊어 지지

아픈 만큼 울어야 한다면 저만한 울음도 없지

전 생애 울음뿐인 기억 하나가

미끄덩 나무를 놓치고 울음을 벗어나고 있지

제 무덤 위에 서서 그토록 소리쳐 우는 것이

생이지

돌아가는 중입니다

여기 월정사
달빛보다 별빛 더 고운 새벽
오대천 물소리 밟으며 예불 간다

처마 어디에도 풍경이 없는
오롯한 고요로 좌선하는 산사

망상을 버리라고
좇으려 애쓰지 말고 길을 내어주라는 선자의 말씀
길은 어디쯤 있는지
채 버리기도 전 들어차는
생각의 갈래들
내려치는 죽비소리

깨닫는 것은
확연히 아는 것이라고

가다듬어 가부좌하고

숨소리마저 묵언에 얹는 사람들
시나브로
나로 귀의 중이다

|발문|

『고요는 감추어도 금방 들킨다』
슬픔의 잔광, 다정의 윤리

시인 이은선

 우리는 말보다 오래 남는 것들을 믿는다. 소리보다 길게 머무는 것은 침묵이고, 웃음보다 짙게 스미는 것은 울음이다. 〈고요는 감추어도 금방 들킨다〉는 이 조용한 진실을 언어로 꺼내 놓은 시집이다. 이 시집은 인간의 가장 내밀한 진동 — 피어남과 사라짐, 존재와 부재, 고통과 회복 사이를 오가는 마음의 결을 오래도록 탐문한다. 시인은 고요를 단지 침묵의 상태로 두지 않는다. 그에게 고요는 삶의 흔적을 가장 투명하게 드러내는 윤리적 풍경이다.

 꽃은 힘이 세다.
 사람이 사람을 가장 사랑할 때

가슴에 숨처럼 안겨주고 싶은 꽃.
―〈꽃은 힘이 세다〉중에서

첫 장을 여는 이 시는 시집의 세계관을 압축한다. 꽃은 단순한 장식이 아니라 존재의 근력이다. 시인은 피어남을 생의 시작이 아니라 상처를 견딘 끝에 도달하는 회복의 기호로 읽는다. 꽃은 찰나에 피지만 그 찰나는 생의 전 생애와 맞먹는 시간이다. 그래서 이 시집에서 봄은 단순한 계절이 아니라 기억이 다시 숨 쉬는 자리가 된다. 피어나는 것은 곧 사라질 것을 전제하며 사라지는 것은 반드시 다시 피어난다. 이 윤회의 미학이 이 시집 전체를 지탱하는 보이지 않는 리듬이다.

봄이 채 오기도 전
남자는 병원으로 옮겨졌고
여자는 또 보호자로 딸려갔다.
…고요는 감추어도 금방 들킨다.
―〈고요는 감추어도 금방 들킨다〉중에서

이 시집의 제목이 된 이 작품은 존재의 근원적 고독을 정면으로 응시한다. 시인은 슬픔을 외면하지 않는다. 그는 "소리 없는 집에 소리 없는 것들만 시끄럽게 드나든다"고 말하면서 침묵이야말로 가장 큰 울음임을 드러낸다. 여기서 고요는 단절이 아니라 소통의 또 다른 형식이다. 말이 사라진 자리에서 비로소 들리는 소리 그것이 시인이 말하는 '들킨 고요'다. 삶의 상실을 다루면서도 이 시는 절망으로 가지 않는다. 대신, 무너진 자리 위에서 아주 미세한 희망의 숨결을 피워 올린다.

  흘리고 간 노을 몇 점
  꽃으로 스며 슬픔을 말리는 풍경이 환합니다.
  ―〈슬픔을 말리는 풍경〉 중에서

이 구절이 이 시집의 정수를 가장 정확히 보여준다. 시인은 슬픔을 지우지 않는다. 대신 말린다. 햇빛 아래에서, 언어의 체온으로. 그래서 그의 시에서 슬픔은 결코 어둡지 않다. 그것은 견뎌낸 빛의 형태 혹은 다정으로 변환된 시간이다. '슬픔을 말린다'는 행위는 이 시집 전체를 관통하는 정서적 구조다. 그것은 고통을 미화하지 않으면서도 인간이 그 고통을 통해 얼마나 단단해질 수 있는지를 보여주는 다정의 윤리이기도 하다.

사람은 꽃이다.
우리는 꽃이다.
노동자는 꽃이다.
―〈사람은 꽃이다〉 중에서

이 시는 개인의 고요를 사회적 고요로 확장한다. 시인은 "낮은 곳이 가장 아름다운 성전"이라 말하며 피폐한 현실 속에서도 여전히 피어나는 존재들의 존엄을 노래한다. 그의 사회시는 고발이 아니라 포옹이고 울분이 아니라 연민이다. 그 부드러움 속에 숨어 있는 강도(强度)가 이 시집의 중심을 이룬다. 고요 속에서도 인간을 향한 신뢰를 놓지 않는 것, 그것이 이 시집이 보여주는 가장 품위 있는 저항의 방식이다.

생각의 갈래들
내려치는 죽비소리
―〈돌아가는 중입니다〉 중에서

마지막 부에 이르면 시인은 슬픔을 지나 다시 생으로 귀의한다. 죽음 이후의 생, 상실 이후의 회복, 침묵 이후의 언어가 조용히 복원된다. 그는 더 이상 고요를 숨기지 않는다. 고요는 이제 삶의 증거이자 다정의 그릇이다. 죽비소리는 긴 여정을 마친 자의 고백처럼 들린다. 삶의 끝은 소멸이 아니라 다시 시작으로 돌아가는 귀향이라는 깨달음. 이것이야말로 〈고요는 감추어도 금방 들킨다〉가 도달한 궁극의 사유다.

　이 시집을 덮고 나면, 마음 어딘가에서 미세한 진동이 남는다. 그 진동은 울음도 웃음도 아닌, '살아 있음'의 잔광이다. 시인은 고요 속에서 인간의 온도를 찾고, 슬픔 속에서 다정의 결을 세운다. 그의 언어는 화려하지 않지만 오래 남는다. 그것은 울음의 잔향이자, 삶이 남긴 가장 고요한 숨결이다.

　『고요는 감추어도 금방 들킨다』는 말의 시집이 아니다. 그것은 숨의 시집이다. 한 인간이 자신의 내면을 다 비워낸 자리에서 가장 투명한 고요로 세상을 다시 써 내려간 기록이다. 그래서 우리는 이 책을 읽으며 깨닫는다 — 고요는 감추어도 금방 들킨다고. 그리고 그 들킨 고요야말로 우리가 여전히 살아 있다는 가장 확실한 증거라고.

고요는 감추어도 금방 들킨다
윤현순 시집

인쇄 2025년 11월 11일

발행 2025년 11월 22일

발행인 이은선

발행처 반달뜨는 꽃섬 [서울시 송파구 삼전로 10길50, 203호]

연락처 010 2038 1112 E-MAIL itokntok@naver.com

ⓒ 윤현순, 저작권 저자 소유

ISBN 979-11-91604-63-4 (03810)

이 책은 저작권법에 의해 보호를 받는 저작물이므로 무단 전재 및

복제를 금합니다